Sebastian Sönksen

Die Kultivierungsanalyse George Gerbners

GRIN Verlag

Bibliografische Information der Deutschen Nationalbibliothek:

Die Deutsche Bibliothek verzeichnet diese Publikation in der Deutschen National-
bibliografie; detaillierte bibliografische Daten sind im Internet über http://dnb.d-
nb.de/ abrufbar.

Dieses Werk sowie alle darin enthaltenen einzelnen Beiträge und Abbildungen
sind urheberrechtlich geschützt. Jede Verwertung, die nicht ausdrücklich vom
Urheberrechtsschutz zugelassen ist, bedarf der vorherigen Zustimmung des Verla-
ges. Das gilt insbesondere für Vervielfältigungen, Bearbeitungen, Übersetzungen,
Mikroverfilmungen, Auswertungen durch Datenbanken und für die Einspeicherung
und Verarbeitung in elektronische Systeme. Alle Rechte, auch die des auszugsweisen
Nachdrucks, der fotomechanischen Wiedergabe (einschließlich Mikrokopie) sowie
der Auswertung durch Datenbanken oder ähnliche Einrichtungen, vorbehalten.

Impressum:

Copyright © 2006 GRIN Verlag GmbH
Druck und Bindung: Books on Demand GmbH, Norderstedt Germany
ISBN: 978-3-640-11850-2

Dieses Buch bei GRIN:

http://www.grin.com/de/e-book/110335/die-kultivierungsanalyse-george-gerbners

GRIN - Your knowledge has value

Der GRIN Verlag publiziert seit 1998 wissenschaftliche Arbeiten von Studenten, Hochschullehrern und anderen Akademikern als eBook und gedrucktes Buch. Die Verlagswebsite www.grin.com ist die ideale Plattform zur Veröffentlichung von Hausarbeiten, Abschlussarbeiten, wissenschaftlichen Aufsätzen, Dissertationen und Fachbüchern.

Besuchen Sie uns im Internet:

http://www.grin.com/

http://www.facebook.com/grincom

http://www.twitter.com/grin_com

Universität Lüneburg

Die Kultivierungsanalyse

George Gerbners

Hausarbeit im Rahmen des Moduls:
Sozial- und Entwicklungspsychologie

vorgelegt von:

Sebastian Sönksen

Studiengang: B.A. Bildungswissenschaften
Fachsemester: 2
Abgabetermin: 06.09.2006

Inhaltsverzeichnis

1. Einleitung

Die mit der Kultivierungsanalyse herausgearbeitete Kultivierungstheorie besagt, dass bei Personen, die viel fernsehen, die Annahmen über die soziale Realität durch die Inhalte des Fernsehens geprägt sind. Das Fernsehen ist somit ein wichtiger Faktor im Enkulturationsprozess und verbreitet systematisch von der Realität abweichende Gesellschaftsbilder. George Gerbner fand dies 1967 in den USA in seiner Untersuchung, dem Cultural Indicators Approach, heraus. Im ersten Schritt, der Message System Analysis, analysierte er die komplexe Welt des Fernsehens und fand signifikante Unterschiede zur sozialen Realität. In der Kultivierungsanalyse als zweitem Schritt untersuchte er den Einfluss des Fernsehens auf die Zuschauer. Dabei unterschied er diese in Viel- (über 4 Std./Tag) und Wenigseher (weniger als 4 Std./Tag). Die Ergebnisse besagen, dass Vielseher in größerem Maße vom Fernsehen beeinflusst werden als Wenigseher und auf Fragen nach Sicherheits- und Rechtaspekten signifikant öfter Antworten geben, die den Darstellungen im Fernsehen entsprechen. Diese Einstellungsveränderungen werden als Kultivierungseffekt bezeichnet. Der Prozess der Kultivierung ist dabei ein lerntheoretischer. Die Zuschauer lernen aus dem Fernsehen und bilden sich aufgrund dieses Wissens und der sozialen Realität eine Meinung über die Welt.

2. Hintergrund

Nach stärker werdender öffentlicher Besorgnis über die zunehmende Brutalität im us-amerikanischen Fernsehen finanzierte die Gesundheitsbehörde Ende der 1960er Jahre einige Untersuchungen zu diesem Thema. Eine davon fand an der Annenberg School of Communications in Philadelphia unter der Leitung von George Gerbner statt. Ziel der Forschungen war es, die Auswirkungen der medial dargestellten Gewalt auf die Bevölkerung zu ermitteln.

Gerbners Ansatz ermittelte, im Gegensatz zu anderen Untersuchungen, zuerst über lange Zeit den Gewaltgehalt des Fernsehens in so genannten Violence Indices. Damit war die mediale Gewaltdarstellung messbar gemacht und konnte daraufhin auf ihre Auswirkungen auf die Gesellschaft untersucht werden.

Gerbners Kultivierungsanalyse liegt die Auffassung zugrunde, das Fernsehen stelle gesellschaftlich die häufigste Umgebung zum Lernen dar und sei durch seine starke Präsenz ein wichtiger Sozialisationsfaktor. Es stelle aber nur eine begrenzte Anzahl von typischen Inhalten zur Verfügung, die in der Regel kommerzielle Ursprünge haben und daher für große, heterogene Zuschauergruppen gemacht seien.

Das Fernsehen bewirkt nach Gerbner also eine Homogenisierung der Einstellungen der Zuschauer und stellt einen wichtigen Faktor im Enkulturationsprozess dar. Da verzerrte Realitätsvorstellungen kultiviert werden, lässt sich diese Wirkung im Gegensatz zu anderen Medienwirkungstheorien als gesellschaftlich dysfunktional einstufen (vgl. Schenk, 2002, S. 537).

3. Cultural Indicators Approach

Die Untersuchung von Gerbner lässt sich in zwei Schritte aufteilen: im ersten, der Message System Analysis, wurden populäre us-amerikanischen Fernsehprogramme inhaltsanalytisch erfasst und bewertet. Dieser Schritt dient der Messung des Gewaltgehaltes der Programme und liefert gleichzeitig den Beweis, dass die Programminhalte in wichtigen Teilen von der Realität abweichen. Diese Annahme ist für den zweiten Schritt wichtig: in der Kultivierungsanalyse werden die Auswirkungen dieser abweichenden Mediendarstellungen auf die Einstellungen der Bevölkerung untersucht.

3.1 Message System Analysis

Ziel der Message System Analysis war zuerst eine komplette statistische Untersuchung der TV-Welt. Gerbners Anliegen war es, die Fernsehwelt in aller Komplexität, inklusive ihrer Merkmale, Strukturen und Beziehungen abzubilden und die Homogenität bestimmter Aspekte aufzuzeigen (vgl. Schenk, 2002, S. 542). Die Gründe dieser Homogenität liegen für Gerbner in der zentralistischen Produktionsweise der TV-Inhalte durch wenige Medienkonzerne und im kommerziellen Zwang, möglichst viele heterogene Gruppen anzusprechen. Außerdem müssen Programme populär sein, damit sie Gewinn bringen (vgl. Gerbner, 2000, S. 102).

In der Praxis wurde er seinen Ansprüchen nicht gerecht: jedes Jahr wurden eine Woche lang zufällig ausgewählte TV-Programme analysiert, wobei nur der Aspekt der offenen physischen Gewalt erfasst wurde. Aufgrund dieser Daten wurden zwei Kennwerte, die „Violence Measures" und die „Victimization Scores", errechnet. Außerdem wurden für verschiedene TV-Kanäle jährliche „Violence Indices" berechnet und im „Violence Profile" veröffentlicht, welches eine Art Wächterrolle in der TV-Landschaft einnahm (vgl. Schenk, 2002, S. 538).

3.1.1 Violence Measures 1967/75

Violence Measures sind Indizes zur Beschreibung der Intensität der Gewaltdarstellung im Fernsehen. In Tabelle 1 sind beispielhaft einige Gewaltindizes für das gesamte analysierte US-Fernsehprogramm der Jahre 1967, in dem die erste Analyse erfolgte, und 1975, dem Jahr der letzten Messung, dargestellt. Insgesamt wurden im Jahr 1967 also nur 96 Fernsehsendungen analysiert. Davon waren 81,3% gewalthaltig, d.h. sie enthielten mindestens eine Gewaltszene (zur Kritik an dieser Einordnung siehe Kap. 5). Der Kennwert „Gewaltszene" gibt an, dass 1967 durchschnittlich fünf gewalthaltige Szenen pro Sendung vorkamen.

Die nächsten zwei Zeilen geben den prozentualen Anteil der Akteure an, die entweder aktiv als Täter oder passiv als Opfer an Gewaltaktionen beteiligt waren. In den letzten beiden Zeilen werden diese Kennwerte angegeben für Situationen, in denen ein Mensch getötet wird. Im Jahr 1967 waren also 55.8% der Akteure als Täter in Gewaltaktionen verwickelt und 12.5% sogar als Mörder, und 64.6% aller handelnden Personen waren Opfer von Gewalt bzw. 7.1% Mordopfer. Diese Zahlen ändern sich über die Jahre nur geringfügig. 1975 sind immer noch 78.4% der 111 analysierten Sendungen gewalthaltig, mit einem Durschnitt von 5.6 Gewaltszenen pro Sendung. 43.1% der Akteure werden zu Gewalttätern, 53.8% zu -opfern. Bei den Tötungsdelikten sind es auffallend weniger: nur noch halb soviele Akteure werden zu Mördern (6.3%), dementsprechend sinkt auch der Anteil der Ermordeten auf die Hälfte (3.8%).

	1967	1975
Sendungen	96	111
Gewalthaltig	81.3%	78.4%
Gewaltszenen	5.0	5.6
Täter	55.8%	43.1%
Opfer	64.6%	53.8%
Mörder	12.5%	6.3%
Ermordete	7.1%	3.8%

Tab. 1: Ausschnitte der Violence Measures 1967/75
(nach Schenk, 2002, S. 542)

Bemerkenswert an diesen Werten ist erstens die Hohe Anzahl an gewalthaltigen Sendungen. Dies mag allerdings daran liegen, dass schon eine einzige Gewaltszene eine Sendung als gewalthaltig einstuft und dass in der Form der Gewalt nicht unterschieden wird (s. Kap. 5). Weiterhin auffällig an den Kennwerten der Violence Measures ist, dass im Durchschnitt zirka die Hälfte aller Akteure aktiv, d.h. als Täter, an Gewalttaten teilnimmt.

Noch größer ist die Zahl der Opfer. Dies entspricht nicht der sozialen Realität und ist damit ein Beleg für Gerbners Annahme, das Fernsehen vermittele der Realität widersprechende Ansichten. Gleiches gilt für die Anzahl der Mörder bzw. Ermordeten.

3.1.2 Victimization Scores

Eine wietere Reihe von Kennwerten zur Beschreibung der Fernsehwelt sind die Victimization Scores. Sie setzen für eine demographische Gruppe die Anzahl der Gewalttäter zur Anzahl der -opfer in Beziehung. Ein Wert von 0.00 bedeutet dabei, dass in der Gruppe weder Täter noch Opfer vorkamen, dass nur Täter vorkamen (+0.00) oder dass nur Opfer in der Gruppe waren (-0.00).

Ein Beispiel für einen Wert von 0.00 ist die Rubrik „Killer-killed" in der Gruppe der weiblichen Kinder. Zur erklären ist dieser vermutlich damit, dass Mädchen nicht in das Fernsehschema eines Mörders passen und normalerweise auch die Tötung von jungen Mädchen nicht gezeigt wird (vgl. Schenk, 2002, S. 546). Als Gegensatz dazu zeigt ein Wert von +0.00 in der männlichen Gruppe, dass im Fernsehen sehr wohl junge männliche Mörder vorkommen.

Groups	Male Characters		Female Characters	
	Violent-victim ratio	Killer-killed ratio	Violent-victim ratio	Killer-killed ratio
All characters	-1.19	+1.97	-1.32	1.00
Social age				
Children-adolescents	-1.83	+0.00	-1.39	0.00
Young adults	-1.21	+3.07	-1.67	+1.29
Settled adults	-1.15	+1.96	1.00	1.00
Old	+1.03	-2.00	-2.25	-0.00
Marital status				
Not married	-1.16	+2.24	-1.51	-1.43
Married	-1.33	+1.57	-1.11	+1.40
Class				
Clearly upper	-1.28	+1.15	-1.64	+1.33
Clearly lower	-1.11	-1.33	-2.67	-0.00
Nationality				
U.S.	-1.19	+2.39	-1.39	-1.08
Other	-1.22	+1.13	-1.55	+3.00
Race				
White	-1.20	+2.12	-1.29	+1.07
Other	-1.27	+1.33	-2.43	-0.00

Tab. 2: Victimization Scores 1967-75 (nach Schenk, 2002, S. 547)

Die gesamten Werte des „Violent-victim ratios" zeigen einerseits, dass es mehr Opfer als Täter gibt, daein Täter in der Regel auch mehrere Opfer hat, und andererseits, dass Frauen öfter Opfer sind als Männer.

Die Stereotypen der Fernsehwelt lassen sich am „Killer-killed ratio" zeigen: besonders männliche, unverheiratete und junge US-Bürger sind häufiger Täter als Opfer. Unter den Frauen sind besonders die älteren, der Unterschicht angehörenden oder diejenigen ohne weiße Hautfarbe oft in der Opferrolle: ein Wert von -0.00 zeigt, dass sie nur als Opfer, nie als Täter auftreten (vgl. Schenk, 2002, S. 547f).

3.1.3 Violence Index NBC

Abbildung 1 zeigt den Violence Index für den US-amerikanischen Fernsehsender NBC in den Jahren 1967-75, der einen aus den Violence Measures berechneten Wert darstellt. Er berechnet sich u.a. aus der Gewalthaltigkeit der Sendungen, den durchschnittlichen Gewaltszenen, einer Gewaltrate pro Stunde, und der Beteiligung der Akteure an Gewalttaten (vgl. Schenk, 2002, S. 543).

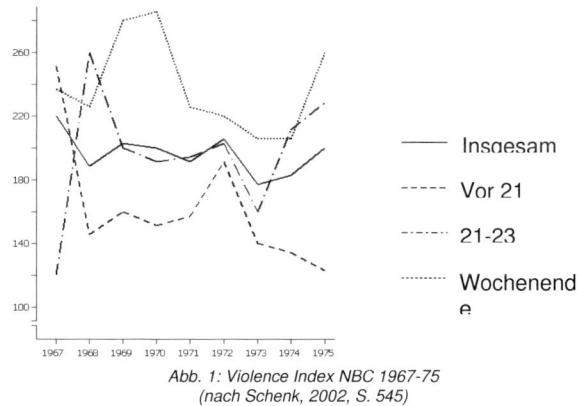

Abb. 1: Violence Index NBC 1967-75
(nach Schenk, 2002, S. 545)

Ersichtlich ist, dass der Violence Index fast immer in den so genannten „children's hours" (Schenk, 2002, S. 545), nämlich am Wochenende tagsüber, am höchsten ist. Dies kann als Beleg dafür dienen, dass auch komische oder symbolische Gewalthandlungen in z.B. Cartoons eine Sendung bereits als gewalthaltig einstufen. Außerdem ist die Berechnung des Violence Index generell strittig (s. Kap. 5).

3.2 Kultivierungsanalyse

Die leitende Frage der Kultivierungsanalyse war, inwiefern das Fernsehen die Einstellungen und Weltsicht der Zuschauer beeinflusst. Ihre Daten sammelten die Forscher um Gerbner nicht selbst, sondern entnahmen sie einer jährlichen Repräsentativbefragung, der „The National Opinion Research Corporation's General Social Survey".

7

Auf Grundlage dieser Studie wurde die Stichprobe zunächst einmal in so genannte Vielseher mit durchschnittlich mehr als vier Stunden Fernsehkonsum pro Tag und Wenigseher mit weniger als zwei Stunden täglich unterteilt. Die Grundannahme Gerbners war, dass Vielseher, die sich dem Fernsehen besonders stark aussetzten, auch dementsprechend stärker Kultivierungseffekte aufweisen müssten als die Wenigseher. Im Laufe der Studie wurden u.a. zwei Fragen der Repräsentativbefragung ausgewertet und daraus der Einfluss des Fernsehens hergeleitet (vgl. Schenk, 2002, S. 548f).

Bei der ersten Frage sollten die Befragten angeben, wie hoch sie den Anteil der Gesamtbevölkerung einschätzen, der beruflich mit der Wahrung von Recht und Gesetz zu tun hat, also Polizisten, Richter etc. Antwortmöglichkeiten waren realistische 1% und 5%, was ungefähr den Werten in der Fernsehwelt entspricht. Die folgende

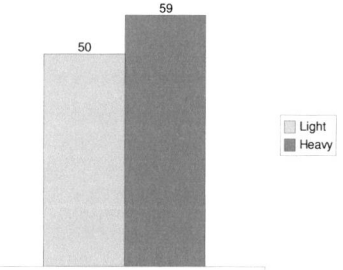

Abbildung zeigt die Ergebnisse aller Befragten:

Abb. 2: Fernsehantworten auf die Recht und Gesetz-Frage aller Befragten (nach Schenk, 2002, S. 548)

Abbildung 2 zeigt den Prozentsatz der Personen, die die so genannte Fernsehantwort gaben, aufgeschlüsselt nach Viel- („Heavy") und Wenigsehern („Light"). In Abbildung 3 wurden die Antworten zusätzlich nach den sozialen Merkmalen Bildung, Zeitungskonsum („regular" / „not regular"), Alter und Geschlecht aufgeteilt:

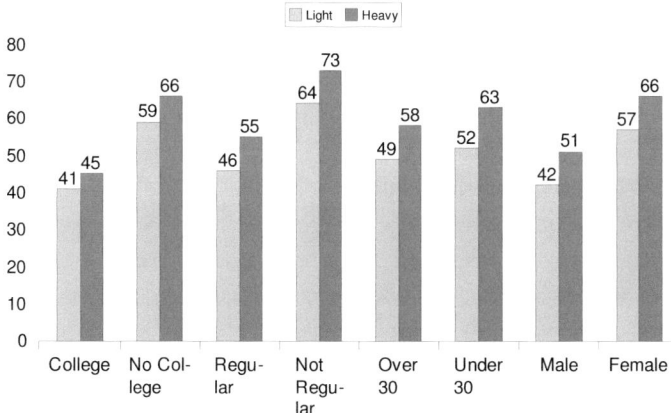

Abb. 3: Fernsehantworten auf die Recht und Gesetz-Frage nach sozialen Merkmalen
(nach Schenk, 2002, S. 548)

Zu erkennen ist, dass sowohl in der Gesamtgruppe als auch in den einzelnen Untergruppen der Anteil derjenigen, die die Fernsehantwort gaben, bei den Vielsehern stärker ausgeprägt ist (vgl. Schenk, 2002, S. 549). Bei einer ähnlichen Untersuchung in Australien konnten diese Ergebnisse bestätigt werden (Hawkins & Pingree, 1980; zit. n. Schenk, 2002, S. 549). In einer Untersuchung in Großbritannien gelang dies nicht (Wober, 1978; zit. n. Schenk, 2002, S. 549).

Bei einer späteren Kultivierungsanalyse wurde gefragt: „Bitte sagen Sie mir, ob Sie zum Schutze gegen Verbrechen neue Schlösser an Fenster und Türen angebracht haben?" (Schenk, 2002, S. 551). Die folgende Tabelle zeigt das Kultivierungsdifferential, also der prozentuale Unterschied bei der Fernsehantwort zwischen Viel- und Wenigsehern, wieder aufgeschlüsselt nach sozialen Merkmalen:

	Ja-Antworten
< 30 Jahre	+1%
> 30 Jahre	+6%
Männer	+6%
Frauen	+3%
Hochschulabschluß	+6%
Kein Hochschulabschluß	+5%
Insgesamt	+4%

Tab. 3: Fernsehantworten auf die Frage nach Sicherheitsmaßnahmen
nach sozialen Merkmalen (nach Schenk, 2002, S. 551)

Tabelle 3 zeigt, dass auch bei dieser Frage das Kultivierungsdifferential durchweg positiv ist, dass also in jeder sozialen Gruppe die Vielseher öfter die Fernsehantwort gaben als die Wenigseher (vgl. Schenk, 2002, S. 551).

4. Prozess der Kultivierung

Bilandzic (2002) untersucht, ob Kultivierung durch das Fernsehen genrespezifisch erfolgt und geht der Frage nach, ob Krimirezeption zu besonders hohen Kultivierungseffekten führt. Sie kommt zu dem Schluss, dass „die Nutzung verbrechensbezogener Genres durchaus Wirkungen auf verbrechensbezogene Kultivierungsmaße hat, aber tendenziell geringere als die Gesamtfernsehnutzung" (S. 61). Außerdem fand sie Kultivierungseffekte auch bei Genres, die keine Gewalt beinhalten.

Dies führt zu der Annahme, dass der Kultivierungsprozess komplexer ist und medial vermittelte Realitätsbilder nicht einfach durch den Zuschauer internalisiert werden. Ein lerntheoretisches Konzept des Kultivierungsprozesses geht von zwei Schritten aus: im ersten werden zufällige Informationen aus dem Fernsehen memoriert. Die Stärke des Lerneffektes hängt dabei nicht nur von der Gedächtniskapazität des Zuschauers, sondern auch von seiner Aufmerksamkeit und Involviertheit ab. Im zweiten Schritt wird dann aus verschiedenen Informationsquellen, die das Fernsehen einschließen, ein Bild der sozialen Realität entworfen (Hawkins & Pingree, 1981b; 1982; zit. n. Bilandzic, 2002, S. 61). Allerdings ist bei diesem Prozess fraglich, wieso aus dem Fernsehen gelernte Informationen auf die Realität übertragen werden. Menschen sind sich normalerweise bewusst, welche Quelle eine gespeicherte Information hat. Dementsprechend konnte auch die Übertragung von Wissen über die Fernsehwelt auf Wissen über die Realität empirisch nicht konsistent gezeigt werden (Hawkins, Pingree & Adler, 1987; Potter, 1988; zit. n. Bilandzic, 2002, S. 61).

Ein Kultivierungseffekt kann demnach nur stattfinden, wenn die Quelle der Information vergessen wird. Dieses Phänomen wird auch als Sleeper-Effekt bezeichnet (Shrum, 1995; zit. n. Bilandzic, 2002, S. 61). Da die Quelle immer memoriert wird aber generell schneller vergessen wird als die Information selbst, gilt: je stärker eine Information und deren Quelle memoriert werden, desto geringer ist der Kultivierungseffekt.

Wie stark memoriert wird, hängt nach Shrum (1995; 1996; zit. n. Bilandzic, 2002, S. 61f) von zwei Faktoren ab: erstens führt aktives, involviertes Zuschauen zur tieferen Verarbeitung und stärkeren Encodierung der Information und die Quelle wird weniger schnell vergessen. Zweitens führt ein hoher Grad an Lebhaftigkeit der Information zu mehr Aufmerksamkeit und Emotionalität beim Zuschauer, was ebenfalls zur tieferen Verarbeitung führt. Die Lebhaftigkeit der Information bezeichnet, wie emotional interessant eine Information ist, wie konkret sie im Fernsehen dargestellt wird und wie nah sie uns in sensorischer, zeitlicher oder räumlicher Hinsicht erscheint (Nisbett & Ross, 1980, S. 45; zit. n. Bilandzic, 2002, S. 62).

Je lebhafter also ein Programm ist und je aktiver und involvierter der Zuschauer rezipiert, desto geringer wird der Kultivierungseffekt ausfallen. Dementsprechend weisen Krimis in der Regel geringere Kultivierungseffekte auf als andere Genres, weil die Darstellung von Gewalt und Kriminalität sehr lebhaft ist und von Zuschauern aktiv rezipiert wird (vgl. Bilandzic, 2002, S. 62).

5. Kritik

Die ersten Kritikpunkte betriffen die Repräsentativität der Message System Analysis. Die Auswahl an analysierten Programmen bestand über mehrere Jahre nicht aus Zufallsstichproben sondern nur aus willkürlich gewählten Programmen. Über die Selektionskriterien ist in Gerbners Veröffentlichungen nichts zu erfahren. Außerdem wird auch die Validität der Messungen bezweifelt, da z.B. nicht zwischen verschieden Arten der Gewalt – also komische, symbolische etc. – unterschieden wurde und auch nur eine gewalttätige Szene genügte, um die ganze Sendung als gewalttätig einzustufen. Kritisiert wird auch die Bildung des Violence Index, der anscheinend willkürlich zusammengerechnet wird. (vgl. Schenk, 2002, S. 544). Als letzte Kritik an der Message System Analysis wird darauf hingewiesen, dass die gesamte Fernsehwelt, wie Gerbner es vorhatte, mit den Methoden der Inhaltsanalyse nicht erfassbar sei. Es würden viel mehr nur einzelne Merkmale beschrieben, die aber nicht repräsentativ für das Gesamtfernsehen sein müssen (vgl. Schenk, 2002, S. 563).

Kritisiert wird an der Kultivierungsanalyse, dass die Annahme Gerbners zu bezweifeln ist, die Zuschauer sähen schwerpunktmässig genau die Sendungen, die in der Message System Analysis beschrieben wurden.

1

Weiterhin werden Kultivierungseffekte durch die angebliche Homogenität der Fernsehprogramme begründet. Gerbners erste Untersuchung liegt aber fast vierzig Jahre zurück und es ist denkbar, dass dies durch mehr Kanäle, neue Sparten und Pay-TV heute nicht mehr so sein muss. Außerdem, und das als letzter und wichtigster Punkt, stellt sich die Frage nach der Kausalität der Kultivierungseffekte: es ist nicht sicher, dass die Unterschiede in den Einstellungen von Viel- und Wenigsehern wirklich Folgen des Fernsehkonsums sind. Es ist auch möglich, dass die Häufigkeit des Schauens eine Wirkung der unterschiedlichen Einstellungen ist (vgl. Schenk, 2002, S. 563f).

6. Fazit

Die Gerbner'sche Kultivierungsanalyse ist die erste umfassende Untersuchung der Frage der Kultivierungswirkung des Fernsehens. Im Gegensatz zu bis dahin vorhandenen Forschungen ging es Gerbner nicht um bestimmte internalisierte Faktoren sondern um die Kultivierung von bestimmten Weltbildern und -ansichten bei großen Massenpublika durch das Fernsehen. Grundlage für diese Annahme und Befürchtung ist nach Gerbner die Homogenität der Fernsehinhalte, die auf die zentralisierte und fast monopolisierte Produktion des Fernsehens zurückgeht.

Insgesamt hat die Kultivierungsanalyse Gerbners gezeigt, dass das Fernsehen einen Kultivierungseffekt auf die Zuschauer hat. Damit hat er seine Hypothesen bewiesen. Dieser Kultivierungseffekt ist allerdings gering und hängt auch stark vom Rezipientenverhalten ab: uninvolvierte „Zapper" sind nach Bilandzic (2002) am stärksten gefährdet, während das vom Fernsehen vermittelte Realitätsbild bei interessierten, aktiven Zuschauer mit festen Interessen kaum Eingang in ihr Weltbild findet. Weiterhin ist noch immer unklar, wie weit die Kritik an Gerbner zutrifft.

Dennoch sollten diese Ergebnisse zu denken geben. In Ländern wie den USA, wo das Fernsehen eine weitaus dominierendere Rolle spielt als in Deutschland und in Zeiten, in denen auch Wahlkämpfe immer mehr medialisiert werden, sollte immer wieder die Frage gestellt werden, wie stark uns das Fernsehen beeinflusst. Diese Erkenntnisse sollten zu einer kritischen, immer wieder hinterfragenden Beobachtung des Mediums Fernsehen anregen. Außerdem zeigen sie, dass zielloses, uninteressiertes Fernsehen nicht nur Zeitverschwendung ist sondern u.U. Sogar auch negative Einflüsse haben kann.

Literaturverzeichnis

Bilandzic, H. (2002). Genrespezifische Kultivierung durch Krimirezeption. *Zeitschrift für Medienpsychologie*, 14 (2), 60-68.

Gerbner, G. (2000). Die Kultivierungsperspektive: Medienwirkungen im Zeitalter von Monopolisierung und Globalisierung. In A. Schorr (Hrsg.), *Publikums- und Wirkungsforschung: Ein Reader* (S. 101-121). Wiesbaden: Westdeutscher Verlag.

Schenk, M. (2002). *Medienwirkungsforschung* (2. überarb. Aufl.). Tübingen: Mohr Siebeck.

1